Nouveau Système

DE

DEUX CHAMBRES

POUR LES ÉTATS GÉNÉRAUX

DE LA FRANCE.

Prix : 5o c.

Paris,

CHEZ DENTU, AUDIN, HIVERT, ADRIEN LECLERC
ET DELAUNAY, LIBRAIRES.

LYON,

A LA LIBRAIRIE INDUSTRIELLE ET D'ÉDUCATION
DE CHAMBET FILS,
QUAI DES CÉLESTINS.

Août 1831.

✻

Les obligations généralement imposées aux Députés de 1831 et acceptées par eux ne semblent laisser à l'institution de la Pairie aucune chance de conservation.

Sa chute fut prévue dès le 7 août 1830 ; elle sera probablement effectuée.

Mais que mettra-t-on à la place ?

Si j'eusse entendu parler de quelques combinaisons satisfaisantes , je me fusse abstenu de proposer celle-ci.

Elle pourra bien ne pas mieux satisfaire les autres ; mais elle servira peut-être à faire entrer la France dans une voie nouvelle propre à la faire sortir de la manie de l'imitation anglaise qui, depuis quarante ans , n'a pas amélioré son régime politique.

L'Auteur de l'Anti-doctrinaire ,

Baron DE R.......

NOUVEAU SYSTÊME

DE DEUX CHAMBRES.

L'expérience a démontré l'indispensable nécessité de diviser en deux chambres les Députés destinés à concourir à la formation des lois.

Cette nécessité est écrite en caractères de sang dans les annales de la révolution.

La Convention elle-même finit par la reconnaître, et la consacra dans sa constitution de 1795, en instituant un conseil des Cinq-Cents et un conseil des Anciens.

Ce dernier se montrant plus disposé à concentrer l'action du gouvernement, Bonaparte, qui voulait s'en emparer, s'unit à ce conseil pour renverser le Directoire exécutif composé de cinq membres.

Toutefois, Bonaparte ne crut pas que ce conseil, distingué seulement par la maturité d'âge de ses membres, fût assez fortement constitué pour prêter secours à sa nouvelle autorité; il le convertit en Sénat, y fit entrer toutes les notabilités nouvelles de l'époque, et s'en promit un concours efficace dans le développement ultérieur de ses projets.

Ce sénat, tant que la fortune seconda l'audace de son fondateur, fut en effet l'instrument obséquieux de son despotisme; mais, sans racine dans l'opinion, dégradé par sa servilité même, il devait tomber avec son auteur. En vain crut-il pouvoir dans l'intérêt de sa propre conservation, en prononcer la déchéance, il disparut lui-même avec le gouvernement impérial.

La Pairie, instituée par Louis XVIII pour servir de barrière à la démocratie et de bouclier à la légitimité, n'a pas mieux rempli sa destination. Mutilée par la chambre des Députés en 1830, et réduite à l'état de squelette par la retraite volontaire d'une grande partie de ses membres, en vain cette minorité précaire a-t-elle conçu l'espérance de rester un corps politique! elle ne peut pas mieux que le sénat impérial survivre à son principe; toute sa vitalité s'est éteinte dans le naufrage de la légitimité qu'elle avait mission de défendre et qu'elle a sacrifiée.

Toutes ces combinaisons ayant failli, soit par la faute des hommes, soit par la force des choses, il faut bien en chercher des nouvelles pour effectuer entre les Députés une division politique, sous peine de voir surgir encore une fois la tyrannie d'un comité de Salut-public, d'une chambre unique. Revenir aux anciens États généraux divisés par ordres, est une chose impossible: les éléments n'en existent plus.

Le Clergé n'est plus propriétaire, ses intérêts matériels ont disparu, et le moyen d'affaiblir encore le sentiment religieux, ce serait de faire intervenir le clergé dans un ordre politique.

L'ordre de la Noblesse a péri sous les coups de l'assemblée dite Constituante, et Louis XVIII, en instituant la Pairie *sans faire concourir les membres de la noblesse à la présentation d'un seul candidat*, a consacré la dissolution politique de cet ordre, au profit du pouvoir ministériel et au détriment de la Royauté.

Toute tentative de séparation de chambres fondée sur la naissance ne ferait aujourd'hui que créer des difficultés, que semer des germes de discorde parmi les partisans déja si divisés de la monarchie: le nombre des nobles est trop petit, et malgré la déchéance de leurs priviléges, la jalousie qu'ils excitent est trop active pour qu'ils puissent, comme corporation spéciale, prêter à la monarchie aucun secours efficace; leurs intérêts matériels devenus identiques avec ceux des autres citoyens n'ont plus besoin de défenseurs spéciaux; confondus dans la foule, ils peuvent par l'énergie d'un dévoûment pur et désintéressé, rendre peut-être encore des services importants à la Royauté; mais séparés par une ligne politique quelconque, ils seraient sans influence ou plutôt ils ne seraient qu'un sujet d'irritation.

Puisque les distinctions tirées du sacerdoce, de la noblesse, de la maturité de l'âge, des illustrations anciennes et nouvelles sont devenues caduques, et n'ont pu prêter force à aucun pouvoir, il faut renoncer à toutes ces combinaisons artificielles; et, s'il y a dans ce siècle tout positif, et dans la société telle qu'elle existe, des nuances d'intérêts assez distinctes pour fonder une division de chambres dont les bases soient également larges, et les auxiliaires également nombreux, il faut profiter de cet ordre de faits pour ouvrir à chacun de ces intérêts une arène spéciale, où ils puissent se débattre en liberté, en présence du trône chargé de les concilier.

Or, la société se compose essentiellement de deux classes de propriétaires, savoir : propriétaires fonciers, et propriétaires de valeurs mobiliaires, avec leur clientelle de prolétaires respectifs concourant à leur prospérité mutuelle.

Les propriétaires fonciers en rendant le sol productif s'y attachent par reconnaissance et par habitude, sont constants dans leurs mœurs; naturellement ennemis des innovations et des troubles politiques, ils les subissent, mais ils n'en prennent jamais capricieusement l'initiative.

Les propriétaires des valeurs mobiliaires s'appropriant par leurs capitaux partie des productions du sol, les font circuler au dedans et au dehors, en varient les formes au gré de leur intérêt. Mais quoique animés de l'esprit national, ils sont plus mobiles dans leurs mœurs, qui se modifient par leurs voyages et leurs communications fréquentes avec les étrangers; ils sont moins ennemis des innovations, moins inquiets sur la suite des désordres publics; leur clientelle les occupe moins; ils savent que les bras oisifs refluent des villes dans les campagnes chargées en définitive de la nourriture de tous.

Ainsi, voilà des nuances essentiellement tranchées entre ces deux classes.

Sans doute la qualité de propriétaire foncier et mobiliaire, soit capitaliste, soit industriel, se confond quelquefois dans le même individu; mais cette confusion n'est qu'exceptionnelle et n'empêche pas qu'en thèse générale on ne doive reconnaître une distinction très positive entre ces deux classes, d'où l'on peut tirer le principe d'une séparation pour organiser deux chambres destinées à représenter ces deux classes.

Cette séparation seule, abstraction faite de tout intérêt, suffirait pour mettre chaque chambre en rivalité; car c'est le propre de toute corporation de prendre un esprit spécial. Cet esprit se forme entre des corps destinés à combattre pour la même cause. On le voit exercer son influence entre deux régiments de même arène, et cette rivalité se résout ordinairement en lutte généreuse de dévoûment plus énergique à la cause commune.

C'est ce but qu'il faut poursuivre dans l'organisation de deux chambres chargées de représenter deux intérêts, distincts, il est vrai, mais essentiellement nécessaires l'un à l'autre, et menacés également dans leur existence le jour où ils cesseraient de lutter chacun de son côté pour la conservation de l'ordre établi !

Que les titulaires de l'une et de l'autre propriété ne se fassent point en effet illusion! tous jouissent au même titre; toute atteinte portée à la propriété leur serait également funeste; leurs droits sont identiques avec l'hérédité du trône. Ce principe de transmission par hérédité leur est commun; ils ont tous le même ennemi, la classe des prolétaires qu'ils emploient, chacun de son côté : classe nombreuse, et qui, réunie sous le drapeau des sectaires systématiques, peut renouveler un jour la guerre des esclaves et celle de la Jacquerie.

Que la présomption dédaigneuse abjure sa confiance en présence de ce danger; l'invention de l'imprimerie est un levier propre à remuer les passions dans leur lie la plus infime; c'est un bélier dont l'action ne cesse jamais, et qui finit souvent par renverser ce qu'il attaque. Déja le signal est donné, il est temps que les intéressés comprennent bien le danger commun, et calculent les forces de l'ennemi. On a vu d'aussi grands miracles produits par l'effet des opinions exaltées, que celui que présenterait le triomphe de la secte saint-simonienne! Sans doute ce triomphe ne saurait durer; mais quelque court qu'il pût être, il inonderait la terre de larmes et la couvrirait de sang et de ruines.

L'organisation de deux chambres, l'une sous le titre de *foncière*, l'autre de *mobiliaire*, diviserait les forces de l'ennemi en le classant sous deux bannières.

Mais ni l'une ni l'autre chambre ne pourraient employer ces forces à s'opprimer mutuellement.

L'une traînerait à sa suite, il est vrai, la clientelle prolétaire des villes aisément rassemblée, empreinte, si l'on veut, de passions ardentes et tumultueuses.

Mais l'autre aurait pour auxiliaire sa clientelle de même nature, plus docile, plus patiente, plus robuste, et pourrait au besoin couper les vivres à sa rivale sans engager le combat.

Ainsi, dans le cas où, perdant de vue leur noble destination de défendre l'ordre établi, ces deux chambres pourraient songer à s'attaquer, elles en seraient détournées par la seule imminence du danger, par l'incertitude des chances du combat; et certes, la volonté de l'une de souffler sur l'autre pour la faire disparaître en tout ou en partie, ne suffirait pas pour amener ce triomphe, comme on l'a vu en .1830.

La couronne, placée entre elles deux comme médiatrice suprême, n'aurait d'autre rôle à jouer que d'exercer avec impartialité son action tutélaire; car ici point d'arrière pensée, point de combinaison artificieuse pour donner à la couronne une influence illusoire, dont le néant s'est si bien révélé dans les derniers jours de juillet 1830.

Les faveurs laissées à la disposition de la couronne, sous prétexte de lui fournir des moyens de se défendre, multiplient ses ennemis et ne font que des ingrats. Louis XIV le savait bien, quand il prononçait ces mots pleins de vérité : « Pour une place que je donne, je fais cent mécontents « et un ingrat. »

La nomination des Pairs réservée *en apparence* à la Royauté, par la charte de 1814, et dévolue *réellement* à l'arbitraire ministériel, n'était qu'un mât de cocagne couronné d'un manteau doublé d'hermine, offert en appât à l'agilité servile; mais ce que la servilité gagne par la souplesse, elle ne le défend jamais par la force.

Il ne faut pas songer à relever ce mât, ce serait reproduire la cause pour ramener les mêmes effets: les événements de 1814 et 1830 sont d'assez grandes leçons!

Les deux Chambres doivent être une arène séparée, où les intérêts de la propriété foncière et mobiliaire se débattront en présence de la couronne, regardée désormais comme *tutrice*, et non comme ennemie.

Voilà les rivalités qu'il s'agira pour elle de concilier, au lieu d'entretenir la corruption par l'appât d'honneurs et d'émoluments conférés à une Chambre au détriment de l'autre, privilége qui fait de celle-ci, non seulement une rivale, mais une ennemie.

Ce rôle si misérable joué par les ministres au détriment de la Royauté, devait finir par rendre celle-ci indifférente aux uns, odieuse à d'autres, et les intentions les plus franches n'ont pas suffi au monarque pour échapper aux terribles conséquences de sa fausse position!

Les éléments propres à former les deux Chambres existent dans la différence des contributions publiques.

Le Chambre de la propriété foncière doit sortir des contribuables payant l'impôt foncier.

La Chambre de la propriété mobiliaire doit sortir des contribuables qui ne paient pas d'impôt foncier.

Quant aux contribuables qui paient simultanément l'impôt foncier et des patentes, la rupture d'équilibre des deux chiffres assignera la classe dans laquelle ils devront exercer leurs droits exclusivement.

Ces contribuables mi-partis seront, entre les deux intérêts, les premiers conciliateurs: ils serviront à donner aux délibérations un but homogène, à entretenir entre les deux Chambres la bonne harmonie, si quelque incident pouvait la troubler.

Nul classement arbitraire, nulle préséance d'une chambre sur l'autre, égalité parfaite dans le nombre des Députés, dans le mode de leur élection, de leurs délibérations.

Tel est le problême à résoudre ; mais, pour condition première, on supposera tous les Français réintégrés dans l'exercice des droits politiques dont ils jouissaient en 1789 et dont ils ont été dépouillés trente à quarante sur un, au nom de la liberté et de l'égalité, si mal entendues pendant la révolution !

Voici, sauf meilleures combinaisons, la solution que je propose :

PROJET.

Les Français âgés de vingt-un ans accomplis, jouissant de leurs droits civils et personnellement imposés aux rôles des contributions publiques, concourent au choix des Électeurs qui nomment les Députés aux États généraux.

Les départements sont divisés en arrondissement, selon l'étendue de leur population.

L'autorité chargée de la confection des rôles dans chaque chef-lieu d'arrondissement en fait imprimer la liste nominative.

Les cotes individuelles sont distinguées par colonnes : l'une comprenant uniquement la contribution foncière, d'autres les contributions diverses. Tous ces chiffres sont totalisés dans une dernière colonne.

Cette liste reste constamment déposée aux archives de chaque municipalité, et chaque contribuable a droit de la consulter sans déplacement. A l'époque fixée pour la nomination des Électeurs, les contribuables se réunissent au chef-lieu de canton, et s'y forment en deux colléges :

L'un, des imposés à la contribution foncière ;

L'autre, de ceux qui n'y sont pas imposés.

Ceux simultanément imposés à la contribution foncière et aux patentes se réunissent au premier collège, si leur cote foncière excède la personnelle, la mobiliaire, et celle des patentes réunies ; et, dans le cas contraire, au second.

Si la contribution foncière et les autres contributions réunies sont parfaitement égales, ils optent pour le collége qui leur convient.

Chaque collége nomme au scrutin secret et à la majorité

absolue des voix, son président, et, à la majorité relative, les autres officiers du bureau.

Il nomme à la majorité absolue un électeur en raison de cinquante contribuables complets de leur catégorie, présents ou absents, sans égard pour les nombres qui restent au dessous de cinquante.

Dans le cas où il n'y aurait pas dans le canton cinquante contribuables de la même catégorie, ils se réuniraient au canton le plus voisin.

Pour être nommé électeur il faut être Français ou naturalisé Français, être âgé de vingt-cinq ans accomplis, faire partie d'un collége dans l'arrondissement, y être domicilié, appartenir par la nature de ses contributions à la classe des contribuables qui élisent; enfin être inscrit au rôle des contributions diverses dudit arrondissement pour une contribution générale, au moins de   francs.

A l'époque fixée pour la nomination des députés, les deux colléges d'électeurs se forment à cinq jours de distance l'un de l'autre, en colléges séparés selon leur origine au chef-lieu d'arrondissement :

L'un sous le titre d'électeurs pour la propriété foncière;

L'autre, sous celui d'électeurs pour la propriété mobiliaire.

Chaque collége nomme son président et les officiers de son bureau, selon les formes indiquées pour les colléges de contribuables.

Il nomme ensuite au scrutin secret et à la majorité absolue des voix son député aux Etat généraux.

Pour être nommé député, il faut être Français ou naturalisé Français; n'avoir conservé dans son pays originel, par privilége individuel ou de famille, aucun droit politique dont on puisse faire revivre l'exercice (1); être âgé de trente ans accomplis, domicilié dans le département où se fait l'élection, y être imposé à des contributions dont le total monte au moins à   francs; enfin appartenir par la nature de ses contributions au collége élisant.

---

(1) Beaucoup d'étrangers ou originaires de l'étranger sont dans ce cas ; il faut faire cesser ce privilége anti-national.

Tout individu convaincu d'avoir exercé pour le même objet ses droits politiques dans deux colléges différents, est condamné à la déchéance irrévocable de ces droits.

Les députés nommés par les colléges électoraux se divisent en deux chambres correspondant à leur origine :

L'une sous le titre de Chambre de la propriété foncière ;

L'autre sous celui de Chambre de la propriété mobiliaire.

Le Roi leur présente, indifféremment, des projets de lois à délibérer ; seulement les projets concernant les contributions sont présentés en premier lieu à la Chambre que ces contributions affectent spécialement.

Chaque Chambre exerce en fait d'impôts, l'initiative des propositions de lois ; en toute autre matière l'initiative appartient au Roi seul.

Les projets de lois sont adoptés au scrutin secret et à la majorité absolue des voix.

Les projets adoptés par les deux Chambres ne deviennent lois que par la sanction formelle et nécessaire du Roi.

Toutefois, un projet né dans une Chambre, adopté par elle et rejeté par l'autre, peut devenir loi par la sanction du Roi, lorsque les voix recueillies au scrutin secret pour et contre le projet dans les deux Chambres donnent pour résultat collectif une majorité des deux tiers des voix en faveur du projet.

Aucun projet ne peut être délibéré dans l'une ou l'autre Chambre, si le nombre des votants n'est pas égal au moins aux deux tiers de la totalité de ses membres.

OBSERVATIONS.

Des royalistes de diverses nuances pourront s'affliger de voir un projet tendant à dépouiller la couronne de toute participation à la nomination des membres d'une seconde Chambre.

Si ce sont des partisans de la légitimité, qu'ils veuillent bien considérer que, dans l'ancienne constitution française, la royauté n'intervenait en rien dans le choix des députés du clergé, de la noblesse ou du tiers-état, et que la légitimité ne s'est pas moins perpétuée près de neuf cents ans dans la ligne directe de Hugues Capet.

Si ce sont des partisans de la royauté issue de la souveraineté du peuple, quel appui supposent-ils que cette royauté puisse recevoir d'une prérogative qui n'a pas sauvé la légitimité elle-même?

J'ai dû faire une combinaison propre à assurer aux deux propriétés qui se partagent l'activité nationale, la juste participation qui leur est due dans la discussion de leurs intérêts, et puisque les éléments des anciens Etats généraux ont été confondus, tirer de cette confusion un système propre à satisfaire toutes les exigences raisonnables.

La royauté proprement dite ne peut recevoir ni bienfait ni dommage de cette combinaison.

Si la monarchie reste telle que la révolution de 1830 l'a faite, ou si elle subit des modifications, ce sera par des causes indépendantes de cette combinaison.

Il y a, dans la nature des institutions, des conditions de durée qui ne reçoivent ni ne perdent rien par des circonstances accessoires.

LYON, IMPR. DE LOUIS PERRIN.